견우와 직녀는 16광년 떨어져 있어

글쓴이 윤초록

문예창작을 공부하고, 어린이책을 쓰고 있습니다.
쓴 책으로는 《라면과 함께라면》, 《의좋은 형제는 광합성으로 벼를 키워》, 《성냥팔이 소녀는 이산화 탄소를 일으켜》,
《아기 돼지 삼 형제는 고체로 집을 지어》, 《벌거벗은 임금님의 체온은 36.5도야》가 있습니다.

그린이 김윤정

만화 예술학을 전공하고, 영국에서 어린이 문학과 일러스트레이션, 디자인을 공부했습니다.
어려운 이야기를 재밌고 귀여운 그림으로 그리는 걸 좋아합니다. 그린 책으로 《꽃물그릇 울퉁이》, 《시끌벅적 할 말 많은 곤충들》,
《달에서 온 뿡야 시리즈 3권》, 《오찍이》, 《열하일기로 떠나는 세상 구경》, 《북한 떡볶이는 빨간 맛? 파란 맛?》,
《해와 달이 된 오누이가 태양계를 만들어》, 《질문하는 정치 사전》 등이 있습니다.

과학 품은 전래 동화

견우와 직녀는 16광년 떨어져 있어

초판 1쇄 발행 2024년 4월 26일
글쓴이 윤초록 | **그린이** 김윤정
펴낸이 홍석 | **이사** 홍성우 | **편집부장** 이정은 | **책임편집** 조유진 | **편집** 정미진 | **디자인** 권영은 · 김영주 | **외주디자인** 신영미
마케팅 이송희 · 김민경 | **제작** 홍보람 | **관리** 최우리 · 정원경 · 조영행 · 김지혜
펴낸곳 도서출판 풀빛 | **등록** 1979년 3월 6일 제2021-000055호 | **제조국** 대한민국 | **사용 연령** 6세 이상
주소 서울 강서구 양천로 583, 우림블루나인 비즈니스센터 A동 21층 2110호
전화 02-363-5995(영업) 02-362-8900(편집) | **팩스** 070-4275-0445
전자우편 kids@pulbit.co.kr | **홈페이지** www.pulbit.co.kr
블로그 blog.naver.com/pulbitbooks | **인스타그램** instagram.com/pulbitkids

ISBN 979-11-6172-664-9 73400

ⓒ 김윤정

*책값은 뒤표지에 표시되어 있습니다. *파본이나 잘못된 책은 구입하신 곳에서 바꿔 드립니다.
*종이에 베이거나 긁히지 않도록 조심하세요. *책 모서리가 날카로우니 던지거나 떨어뜨리지 마세요.

과학 품은 전래 동화

견우와 직녀는 16광년 떨어져 있어

윤초록 글 | 김윤정 그림

풀빛

차례

이 책의 특징 ··· 6

토끼와 거북 8

전래 동화가 품은 과학①
왜 토끼는 달리기를 잘하고, 거북은 못할까? ··· 18
토끼와 거북도 땀을 흘릴까? ··· 20

견우와 직녀 22

전래 동화가 품은 과학②
견우와 직녀는 매년 음력 7월 7일에 만났을까? ··· 32
계절마다 잘 보이는 별이 다르다고? ··· 34

대동강을 판 봉이 김선달 36

전래 동화가 품은 과학③
일꾼들은 왜 대동강 물을 떠 갔을까? ··· 46
깨끗한 물이 점점 사라지고 있어 ··· 48

방귀쟁이 시합 50

전래 동화가 품은 과학④
우리는 방귀를 왜 뀔까? … 60
오줌에 대해 알아보자! … 62

임금님 귀는 당나귀 귀 64

전래 동화가 품은 과학⑤
왜 대나무 숲에서 소리가 계속 울렸을까? … 74
우리 몸의 다양한 감각 기관 … 76

도깨비감투 78

전래 동화가 품은 과학⑥
우리도 투명 인간이 될 수 있을까? … 88
과학 기술은 얼마나 발전했을까? … 90

이 책의 특징

〈견우와 직녀는 16광년 떨어져 있어〉
이렇게 읽어 봐!

전래 동화

우리가 잘 아는
전래 동화가 교과서 속
과학을 품고 있대!

생동감 있는 삽화

우와, 동화책이야, 그림책이야? 그림이 많아서 술술 읽혀!

재미난 만화

때로는 재미난 만화로
전래 동화를 읽어 봐!
다 아는 이야기라도
100배 더 재밌다고!

그림으로 배우는 과학

각 전래 동화가 품고 있는 가장 중요한 과학 내용을 질문과 답으로 정리해 놓았어.

핵심만 쏙 뽑아서
머릿속에 쏙쏙!
잘 모르는 단어는
꼼꼼하게 설명되어 있어.

한걸음 더 과학

더 폭넓게 배워 볼까?
앞에서 만난 것보다
한발짝 더 나간 과학
내용을 알아보자.

밑줄 쫙!
핵심 요약!
이것만은 꼭 알아 둬!

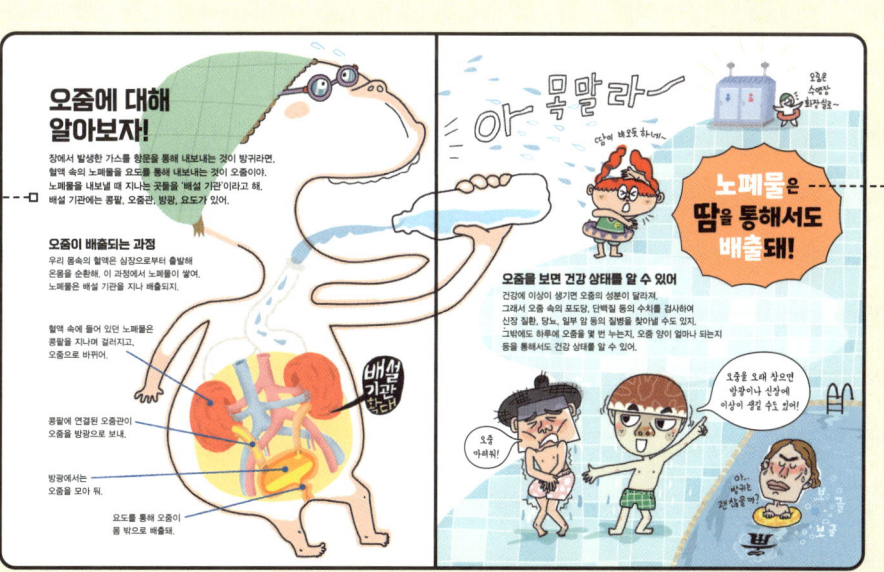

토끼와 거북

먼 옛날, 달리기를 아주 잘하는 친구와 달리기를 아주 못하는 친구가 있었어. 햇빛은 눈부시고, 따듯한 바람이 불어오는 어느 봄날이었어.

"거북아, 어디 가니?"

산책 삼아 숲을 걷던 거북에게 토끼가 말을 걸었어.

"나? 심심해서 저 언덕에 올라가 보려고."

토끼가 피식 웃음을 터뜨렸어.

"그렇게 엉금엉금 기어서 언제 언덕까지 가려고? 내가 업어 줄까?"

거북이 고개를 저었어.

"내가 아무리 느려도 너한테 업힐 생각은 없어."

"너 그러다가 내일 도착한다? 난 분명 말했어! 헤헤."
깐죽거리는 토끼에 거북은 불끈 화가 솟구쳤어.

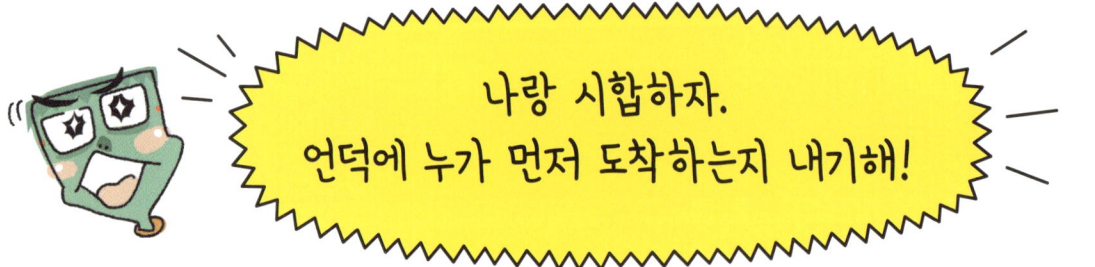

나랑 시합하자.
언덕에 누가 먼저 도착하는지 내기해!

거북은 자기도 모르게 달리기 시합을 하자는 말이 튀어나왔어. 그리고 곧 자신이 얼마나 어이없는 제안을 했는지 깨달았지.

토끼는 안 그래도 동그란 눈이 더 동그래졌어. 그리고 한쪽 입꼬리를 올리며 기다란 귀를 후볐어.

"내가 잘못 들은 건 아니겠지? 좋아. 분명 네가 하자고 한 거야."

거북은 기왕 이렇게 된 거, 달리기 시합에 최선을 다하기로 했어. 또 누가 알아? 질 수도 있지만, 이길 수도 있잖아!

"대신 내가 이기면, 다시는 나를 얕보지 마."

소식을 들은 다른 동물 친구들이 모두 구경을 나왔어. 대부분 거북을

응원했어. 토끼가 평소에 좀 얄미운 편이었거든!

토끼와 거북은 출발선에 서서 신호를 기다렸어.

탕! 토끼는 깡충깡충 순식간에 앞으로 달려가고, 거북은 엉금엉금 기어갔지.

잠시 후 두 친구의 거리가 멀찍이 벌어졌어. 토끼는 결승 지점까지 반 정도 남았을 때, 뒤를 돌아보았어. 거북이 개미만큼 작게 보였지. 토끼는 코웃음을 쳤어.

"그럼 그렇지. 잠깐 더위나 식혀야겠다!"

토끼는 나무 아래 벌러덩 드러누웠어. 바람이 솔솔 불고, 나뭇잎이 눈부신 햇살을 가려 주었지. 어느새 토끼는 스르륵 잠이 들어 버렸어.

그 시각 거북은 열심히 기어가고 있었어. 이를 지켜보던 다른 동물 친구들은 모두 숨을 죽였어. 오만한 토끼가 깨지 않도록 말이야.

얼마나 시간이 흘렀을까? 동물 친구들이 갑자기 손뼉을 치고, 소리를 질렀어. 거북이 결승 지점 코앞까지 온 거야!

시끌벅적한 박수 소리에 눈을 뜬 토끼는 화들짝 놀라 일어났어.

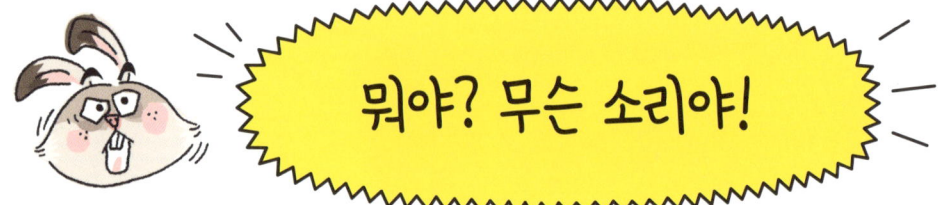

저 언덕 위에 거북과 동물 친구들이 보였지. 토끼는 그제야 헐레벌떡 달리기 시작했어. 하지만 이미 늦어도 한참 늦은 후였지.

토끼가 아무리 달리기를 잘하면 뭐 해. 토끼가 게으름을 피우며 자는 동안, 거북은 쉬지 않고 기어서 결승 지점에 도착했는걸.

토끼는 멀리서 거북이 친구들의 축하를 받는 모습을 지켜볼 수밖에 없었어. 그리고 다시 벌러덩 누워 짜증을 냈단다.

"아이참! 왜 아무도 날 안 깨운 거야!"

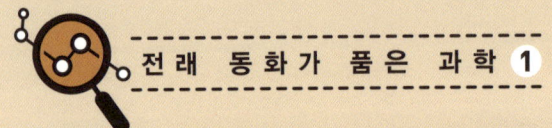
전래 동화가 품은 과학 ①

"왜 토끼는 달리기를 잘하고, 거북은 못할까?"

⋮

"동물마다 다른 특징을 가졌거든!"

거북의 특징

알로 태어나 자라는 파충류야.
스스로 체온을 조절할 수 없어.
털이 없는 대신 피부가 두꺼워.
무거운 등딱지 때문에 빨리 움직이지 못해.
하지만 물속에서는 빠르게 헤엄칠 수 있어.
이는 없지만, 턱에 있는
뾰족한 돌기로 먹이를 먹어.
종류에 따라 100년 이상 살기도 해.

토끼의 특징

새끼로 태어나 젖을 먹으며 자라는 포유류야.
스스로 체온을 조절할 수 있어.
계절이 바뀔 때 털갈이를 해. 보송한 털로 체온을 지키지.
뒷다리가 앞다리보다 훨씬 길어서 가파른 오르막도 잘 달려.
위턱 앞쪽에 큰 앞니 한 쌍이 있고, 바로 뒤에 작은
앞니 한 쌍이 또 있어. 수명이 10년 미만으로 짧은 편이야.

토끼와 거북도 땀을 흘릴까?

사람은 달리기를 하면 땀이 나.
토끼와 거북도 달리기를 할 때 땀을 흘렸을까?
동물마다 달라. 사람과 말, 침팬지 등은 땀을 흘리고,
토끼와 거북은 안 흘려.

우리 몸에서 땀이 나는 이유
사람은 하루에 많게는 700밀리리터의 땀을 흘려.
운동을 하거나 날씨가 더우면 몸에서 열이 나고 땀이 나지.
사람이 땀을 흘리는 이유는 몸의 열을 식히고 체온을 유지하기 위해서야.

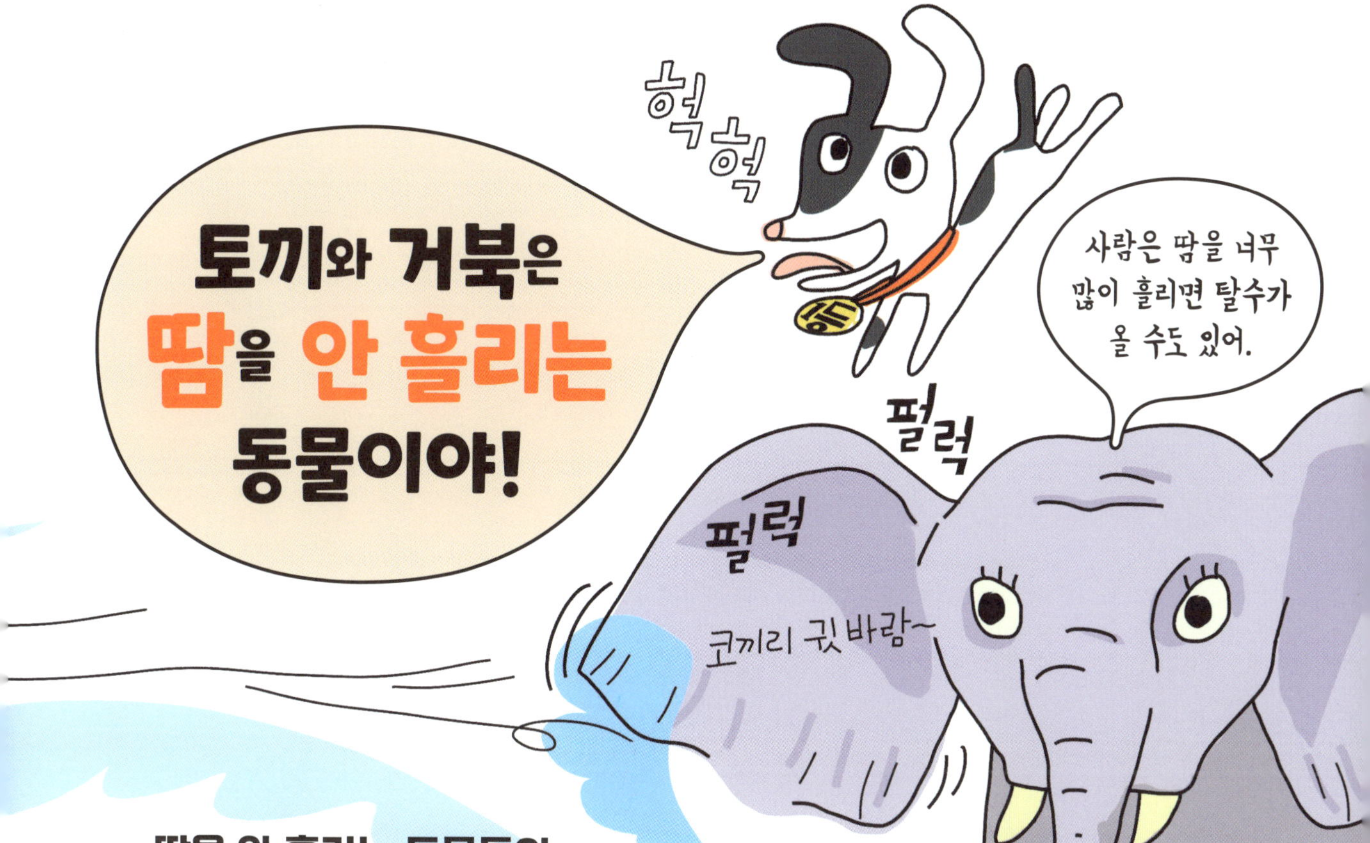

토끼와 거북은 땀을 안 흘리는 동물이야!

사람은 땀을 너무 많이 흘리면 탈수가 올 수도 있어.

땀을 안 흘리는 동물들의 체온 조절 방법

땀샘*이 없는 대신, 토끼는 기다란 귀를 접었다 폈다 하며 체온을 조절해.
개는 혀를 내밀어 몸속의 열을 밖으로 내보내지.
코끼리는 귀를 펄럭여서, 악어는 입을 크게 벌려서 열을 식혀.

*땀샘은 땀을 만들어 몸 밖으로 배출하는 곳이야.

담? 우리 땀샘이 없어!

땀은 안 나는데 이상하게 오싹하네

그래서 여름에 물을 많이 마셔야 해!

아 더워.. 시원~

견우와 직녀

하늘나라에 옥황상제의 아리따운 손녀 직녀가 살았어. 직녀는 손재주가 좋아서 옷 만드는 일을 했지. 하늘나라에 사는 사람들은 모두 직녀가 만들어 준 옷을 입었어.

솜씨도 좋고, 마음씨도 고운 직녀는 어느덧 결혼할 나이가 되었어. 옥황상제는 자신의 귀한 손녀를 누구와 맺어 줄까 고민했어. 그러다가 성실하기로 소문난 목동, 견우가 눈에 들어왔어.

 견우와 직녀는 아름다운 한 쌍이 될 것 같았어. 마침내 옥황상제는 두 사람을 맺어 주었어. 견우는 직녀에게 첫눈에 반했고, 직녀 역시 그런 견우를 사랑하게 되었지.

 두 사람은 잠시도 떨어져 있지를 못 했어. 뒤돌아서면 보고 싶고 매 시간을 함께 있고 싶었지. 그러니 일이 손에 잡히겠어? 직녀는 더 이상 옷 만드는 일을 하지 않았어. 견우도 굶주렸을 소들일랑 잊어버린 지 오래였지.

이 소식이 옥황상제의 귀에 들어갔어.

"옷 만드는 것이 직녀 너의 일 아니더냐. 네가 옷을 만들지 않으면 백성들은 무엇을 입지?"

직녀는 꿀 먹은 벙어리가 되어 눈물만 흘렸어.

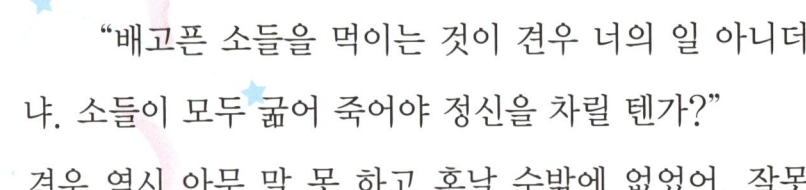

"배고픈 소들을 먹이는 것이 견우 너의 일 아니더냐. 소들이 모두 굶어 죽어야 정신을 차릴 텐가?"

견우 역시 아무 말 못 하고 혼날 수밖에 없었어. 잘못한 게 사실이었으니까.

화가 난 옥황상제는 견우와 직녀를 멀리 떨어진 별에 살게 했어. 갑작스러운 이별에 두 사람은 눈물만 흘렸지.

얼마나 시간이 흘렀을까? 드디어 옥황상제가 두 사람의 만남을 허락한 단 하루, 칠석날인 음력 7월 7일이 되었어. 견우와 직녀는 멀리서 서로를 불렀어.

"견우 님! 저 여기에 있어요!"
"직녀 님! 너무 멀어서 얼굴이 보이지 않아요."

서로를 만날 수 있는 하루를 허락받으면 뭐 해. 서로가 있는 별은 거리가 너무 멀고, 그 사이에는 은하수라는 강이 흘러서 쉽게 볼 수 없었지.

두 사람은 서로를 부르며 울고 또 울었어. 두 사람의 눈물은 큰비가 되어 땅 위로 내렸고, 홍수가 나서 사람들의 농작물을 망치고 집을 망가뜨렸지.

"태어나서 이런 비는 처음이에요. 천장이 내려앉았어요!"

"아이고, 이렇게 큰비가 내리면 어쩌란 말입니까."

옥황상제는 땅에 사는 사람들에게 일어난 일을 보고 한숨을 푹 쉬었지. 그리고 어쩔 수 없다는 듯 말했어.

새들은 견우가 있는 별과 직녀가 있는 별 사이에 새까만 다리를 만들었어. 이 다리가 바로 오작교야.

견우와 직녀는 오작교 덕분에 서로를 힘껏 끌어안았어. 그러자 거짓

말처럼 비가 그쳤어. 하늘에는 견우와 직녀의 만남을 축복하듯 아름다운 별들이 밝게 빛났어.

그날 이후, 매년 음력 7월 7일이 되면 어디에서도 까마귀와 까치를 볼 수 없었어. 견우와 직녀를 만나게 해 주기 위해 바삐 하늘 높이 날아가야 했거든.

사람들은 칠석날 다 같이 하늘을 올려다보았어. 두 사람이 잘 만났는지, 또는 혹시 만나지 못해 비가 내리는 건 아닌지 궁금했거든. 사람들은 견우와 직녀가 살았던 별인 견우성과 직녀성을 보며 한 해 농사를 점치기도 했단다.

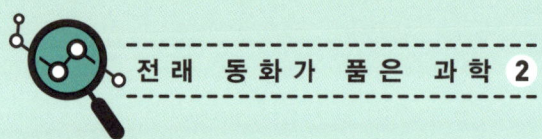

전래 동화가 품은 과학 ②

"견우와 직녀는 매년 음력 7월 7일에 만났을까?"

"16년에 한 번 볼 수 있을까 말까였어!"

견우성과 직녀성

견우성은 독수리자리를 이루는 별들 중 가장 밝아. 직녀성은 거문고자리를 이루는 별들 중 가장 밝지. 두 별은 은하수 너머로 마주 보고 있어.

견우성

견우와 직녀의 거리

견우성과 직녀성은 실제로 16광년*이나 떨어져 있어.
빛의 속도로 날아가도 16년이 걸리는 거리지.
견우와 직녀가 1년에 한 번 만났다고 하지만, 글쎄.
정말 그렇게 만나기는 어려웠을 거야.

***광년**이란 천문학에서 사용하는 거리를 나타내는 단위야.
빛이 초속 30만 킬로미터의 속도로 1년 동안
나아가는 거리지.

별이 흐르는 은하수

은하수는 수많은 별들이 모인 것으로,
별이 강처럼 흐른다고 하여 '은하수'라는 이름이 붙었어.
갈릴레오 갈릴레이가 망원경으로 처음 관측했지.
음력 7월 7일, 공기가 맑고 인공적인 빛이 없는 곳에서
하늘을 올려다보면 볼 수 있어.

여름에 볼 수 있는 별자리

거문고자리, 전갈자리, 백조자리, 독수리자리 등.

백조자리

거문고자리

독수리자리

계절마다 잘 보이는 별이 다르다고?

견우성과 직녀성은 여름에 특히 잘 보여. 왜 그럴까?
지구는 태양을 중심으로 움직이는 '공전'을 하는데,
이때 지구가 어느 위치에 있느냐에 따라 잘 보이는 별이 달라져.

작은곰자리

안드로메다자리

가을에 볼 수 있는 별자리

안드로메다자리, 물고기자리,
페가수스자리 등.

신화 속 인물 이름을 딴 별자리가 많아.

물고기자리

페가수스자리

봄에 볼 수 있는 별자리
목동자리, 사자자리, 처녀자리 등.

지구의 공전으로 계절마다 다른 별이 보여!

나침반 역할을 하는 북극성

북극성은 작은곰자리 중 가장 밝은 별이야.
1년 내내 거의 같은 자리에서 빛나.
그래서 예전부터 지금까지 나침반 역할을 하고 있어.

겨울에 볼 수 있는 별자리
오리온자리, 황소자리, 쌍둥이자리 등.

대동강을 판 봉이 김선달

장날에 나온 김선달이 닭을 파는 상인에게 물었어.
"이게 봉이오?"
전설 속의 새, 봉황이냐고 물은 거야. 상인은 조금 모자라 보이

우 와~
이것이 혹시….
봉…

황!

봉황 맞소,
우리고을
특산품이오.

는 김선달에게 닭을 봉황이라고 속여 팔았어.

김선달은 그 닭을 고을을 다스리는 원님에게 바쳤어. 아주 귀한 봉황이라고 하면서 말이야.

화가 난 원님은 김선달의 볼기를 실컷 때려 주었어.

"저는 상인이 봉황이라 하여, 봉황인 줄 알고 산 것뿐입니다."

"뭐라고? 아주 악덕한 상인이구나! 김선달에게 닭을 판 상인을 당장 잡아 와라!"

상인은 원님에게 끌려가 호되게 볼기를 맞았어. 상인은 김선달에게 봉황값과 자기 대신 매를 맞은 보상금까지 얹어 주어야 했어. 이 뒤로 사람들은 김선달 이름 앞에 봉황이란 뜻의 '봉이'를 붙여 불렀단다.

그러던 어느 날, 봉이 김선달이 대동강 앞에서 대낮부터 먹고 노는 양반들을 보았어. 서민들은 꿈도 못 꿀 일이었지.

"누구는 열심히 일해도 늘 배가 고프고, 누구는 매일같이 놀아도 늘 배가 부르구나……."

봉이 김선달은 잠시 고민하더니, 무릎을 탁 쳤어. 그리고 대동강에서 물을 떠다가 나르는 일꾼들에게 말했어.

"내가 엽전을 나눠 줄 테니, 내일 대동강에서 물을 떠 갈 때 다시 내게 돌려주시오."

일꾼들은 고개를 갸웃했어. 하지만 못 해 줄 것도 없었지.

"뭐, 좋소. 그럽시다."

다음 날, 봉이 김선달은 대동강 앞에 자리를 깔고 앉았어. 그리고 일꾼들이 물을 떠 갈 때마다 엽전을 받아 챙겼지.

"이거 어쩌면 좋습니까? 제가 깜빡하고 엽전을 두고 왔네요."

어제 받은 엽전을 두고 온 일꾼이 머리를 긁적였어.

"아, 저런. 사실 이러면 안 되는데, 오늘만 봐주겠소. 내일은 꼭 챙겨 오시오!"

봉이 김선달은 사람들 앞에서 보란 듯 크게 말했어.

양반들은 깜짝 놀랐어. 여태껏 대동강 물이 누구의 것인지 생각해 본 적이 없었거든. 돈을 밝히는 한 양반이 말했어.

"저 대동강을 내 것으로 만들면 떼돈을 벌겠구나!"

양반은 봉이 김선달에게 다가가 대동강을 팔 생각이 없냐고 물었어. 봉이 김선달은 고개를 저었지.

"내가 조상 어르신으로부터 물려받은 강을 왜 팔겠소?"

"3천 냥을 주면 팔겠소?"

봉이 김선달은 고개를 저었어.

"4천 냥이면 한번 생각해 보고……."

봉이 김선달은 못 이기는 척 양반과 거래를 하기로 했어. 끝까지 팔기 싫은 척 한숨을 푹푹 쉬는 것도 잊지 않았지. 양반은 봉이 김선달의 마음이 바뀔까 봐 얼른 집에 데려가 계약서를 썼지.

봉이 김선달은 어리석은 양반에게 받은 큰돈을 일꾼들과 배고픈 사람들에게 나누어 주었어.

그리고 '또 어디 골려 줄 사람이 없나?' 생각하면서 다른 곳으로 떠났단다.

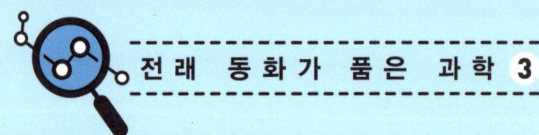

전래 동화가 품은 과학 3

"일꾼들은 왜 대동강 물을 떠 갔을까?"

"물은 사람이 살아가는 데 꼭 필요하니까!"

물은 우리 몸에…

사람은 물을 마시지 않고는 살 수 없어. 우리 몸의 약 70퍼센트를 차지하는 물은 혈액을 온몸 구석구석 순환하게 하고, 노폐물을 배출해 줘.

다양하게 쓰이는 물

물은 일상생활에서 아주 다양하게 쓰여. 음식을 만들 때와 몸을 씻을 때는 물론, 물을 높은 곳에서 아래로 떨어트려 발생하는 에너지로 전기를 얻기도 하지.

자연에도 꼭 필요해!

물은 땅에 스며들어 풀과 나무를 자라게 하고, 강이나 바다 같은 물속에 사는 생물을 살아갈 수 있게 해. 더러워진 공기를 비로 씻겨 주는 정화의 역할도 하지. 더운 여름날 내린 소나기로 시원해진 경험 있지? 물이 더위를 물리치기도 하는 거야.

깨끗한 물이 점점 사라지고 있어

인구가 많아지며 물 사용량이 늘어나고,
물도 아껴 쓰지 않으면서 물이 부족해지고 있어.
환경 오염으로 인한 물 오염도 심각하고 말이야.

산업 발달로 인한 물 부족 현상

현재 전 세계 사람의 3분의 1이 물 부족에 시달리고 있다고 해.
공장이 많이 생기며 물 사용이 급격히 늘어나고,
폐수 배출과 기름 유출로 기존의 물이 오염된 거지.
게다가 환경 오염으로 인한 이상 기후로 비도 적게 내리고.
전 세계가 물 부족에 시달리기 전에 물의 소중함을 알아야 해!

중금속에도 오염되고 있는 물

사람이 버린 쓰레기 때문에 물에는 중금속과 미세 플라스틱이 녹아 있어.
중금속과 미세 플라스틱은 물고기 몸에 자연스레 쌓여.
그 물고기를 먹은 우리 몸에도 중금속과 미세 플라스틱이 쌓이지.
더 이상 물이 오염되지 않도록 우리 모두 노력해야겠지?

방귀쟁이 시합

어느 마을에 방귀를 아주 크게 뀐다고 소문난 김씨가 살았어. 김씨가 방귀를 뀌면 온 동네 사람이 휘청거렸지.

사람들은 방귀쟁이 김씨가 창피한 줄도 모른다고 흉보았어. 하지만 김씨는 자신의 방귀가 자랑스러웠어.

그러던 어느 날 김씨가 사는 마을에 최씨라는 사람이 소문을 듣고 찾아왔어.

"댁은 누군데, 나를 찾으시오?"
김씨가 자신을 찾아온 최씨에게 물었어.
"나는 옆 마을에 사는 최씨올시다. 당신이 방귀를 그렇게 크게 뀐다고?"

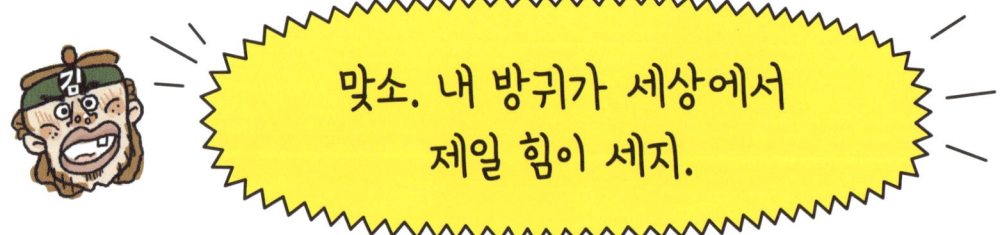

맞소. 내 방귀가 세상에서 제일 힘이 세지.

최씨는 팔짱을 끼고 말했어.
"어허, 세상에서 제일? 그건 아닐 텐데. 내 방귀도 만만치 않으니 말이오."
김씨는 그제야 눈치를 챘어. 최씨가 바로 옆 마을의 방귀 대장으로 소문난 자라는 걸 말이야.

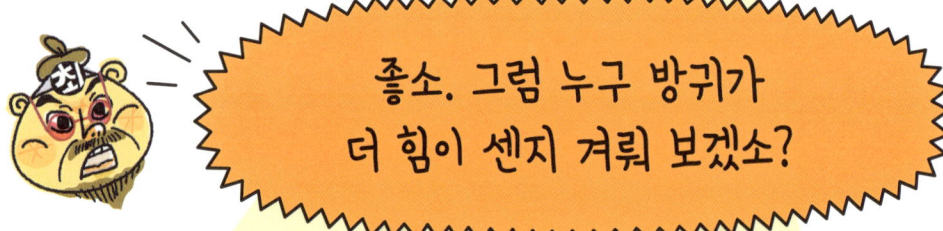

두 사람은 며칠 뒤 김씨네 마을과 최씨네 마을 사이 정중앙에서 누구 방귀가 더 센지 방귀 시합을 하기로 했어. 도대체 누구 방귀가 더 센지가 왜 중요한지 모르겠지만 말이야.

폭탄방귀 김씨!

나야~ 나, 방귀대장!

"아이고, 김씨랑 최씨가 방귀 시합을 한다며?"

"도대체 얼마나 구린내를 풍기려고 그런 시합을 하는 거야."

결전의 날, 두 마을 사람들이 시합 장소로 모였어. 최씨네 마을 사람이 말했지.

"그래도 최씨는 못 이길걸요? 방귀 힘이 얼마나 센지, 집 여러 채 날아갈 겁니다."

김씨네 마을 사람들은 동시에 눈을 흘겼어. 아무리 방귀쟁이라도, 우

리 마을 방귀쟁이를 다른 마을 사람이 얕보는 건 싫었나 봐!

"누가 길고 짧은지는 대봐야 알지! 우리 김씨도 만만치 않아!"

김씨는 정신을 집중하듯 양손을 모으고 말했어.

"자, 이제 갑니다!"

뿌웅!

굉음과 함께 큰 진동이 땅을 흔들었어. 사과나무에서 사과가 후드득

떨어졌지. 사람들은 손뼉을 쳤어.

최씨도 질 수 없다는 듯 김씨네 마을을 향해 엉덩이를 내밀었어.

"이제 진짜가 나온다고요. 잘 보세요!"

뿌우웅!

저 멀리 김씨네 집의 지붕이 날아갔어. 이쯤 되자, 구경하던 사람들은 조금씩 무서워지기 시작했지.

"감히 내 집 지붕을 날려? 이놈아, 맛 좀 봐라!"

김씨는 최씨네 마을을 향해 엉덩이를 내밀었어. 김씨가 방귀를 뀌자 최씨네 소들이 모두 날아가 버렸지.

구경하던 사람들은 자신들의 집과 살림살이가 방귀 바람에 날아다니는 것을 지켜볼 수밖에 없었어. 말릴 방법이 없었으니까.

김씨와 최씨는 방귀를 멈출 생각이 없었어. 사람들은 지독한 구린내를 뚫고 각자의 마을로 향했어. 그리고 짐을 싸서 모두 이사를 가 버렸단다.

두 사람은 어떻게 되었냐고? 지금까지도 방귀를 뀌고 있대!

전래 동화가 품은 과학 4

"우리는 방귀를 왜 뀔까?"

...

"우리가 먹은 음식이 장 속 세균과 만나면 가스가 되거든!"

방귀란 뭘까?

우리 몸속 장에는 몇백 가지가 넘는 다양한 세균들이 살고 있어.
우리가 먹은 음식물이 세균과 만나 발효되면 가스가 생기지.
이 가스가 항문으로 나오면 방귀가 되는 거야.

고마운 미생물, 유산균

요구르트, 김치 같은 발효 식품에는 장의 건강을 돕고 질병을 예방하는 미생물인 유산균이 많이 들어 있어. 유산균은 음식물이 잘 소화되도록 하고, 똥이 잘 나오도록 도와줘.

방귀에 불이 붙을까?

방귀에는 산소, 질소, 이산화 탄소 등의 다양한 기체가 들어 있어. 그중 불이 잘 붙는 메탄가스와 수소도 포함되어 있지. 그래서 쉽진 않지만 과학적으로 방귀에 불이 붙는 것은 가능해. 많은 사람이 실제로 방귀에 불을 붙이는 실험을 하다 화상을 입기도 했어.

오줌에 대해 알아보자!

장에서 발생한 가스를 항문을 통해 내보내는 것이 방귀라면, 혈액 속의 노폐물을 요도를 통해 내보내는 것은 오줌이야. 노폐물을 내보낼 때 지나는 곳들을 '배설 기관'이라고 해. 배설 기관에는 콩팥, 오줌관, 방광, 요도가 있어.

오줌이 배출되는 과정

우리 몸속의 혈액은 심장으로부터 출발해 온몸을 순환해. 이 과정에서 노폐물이 쌓여. 노폐물은 배설 기관을 지나 배출되지.

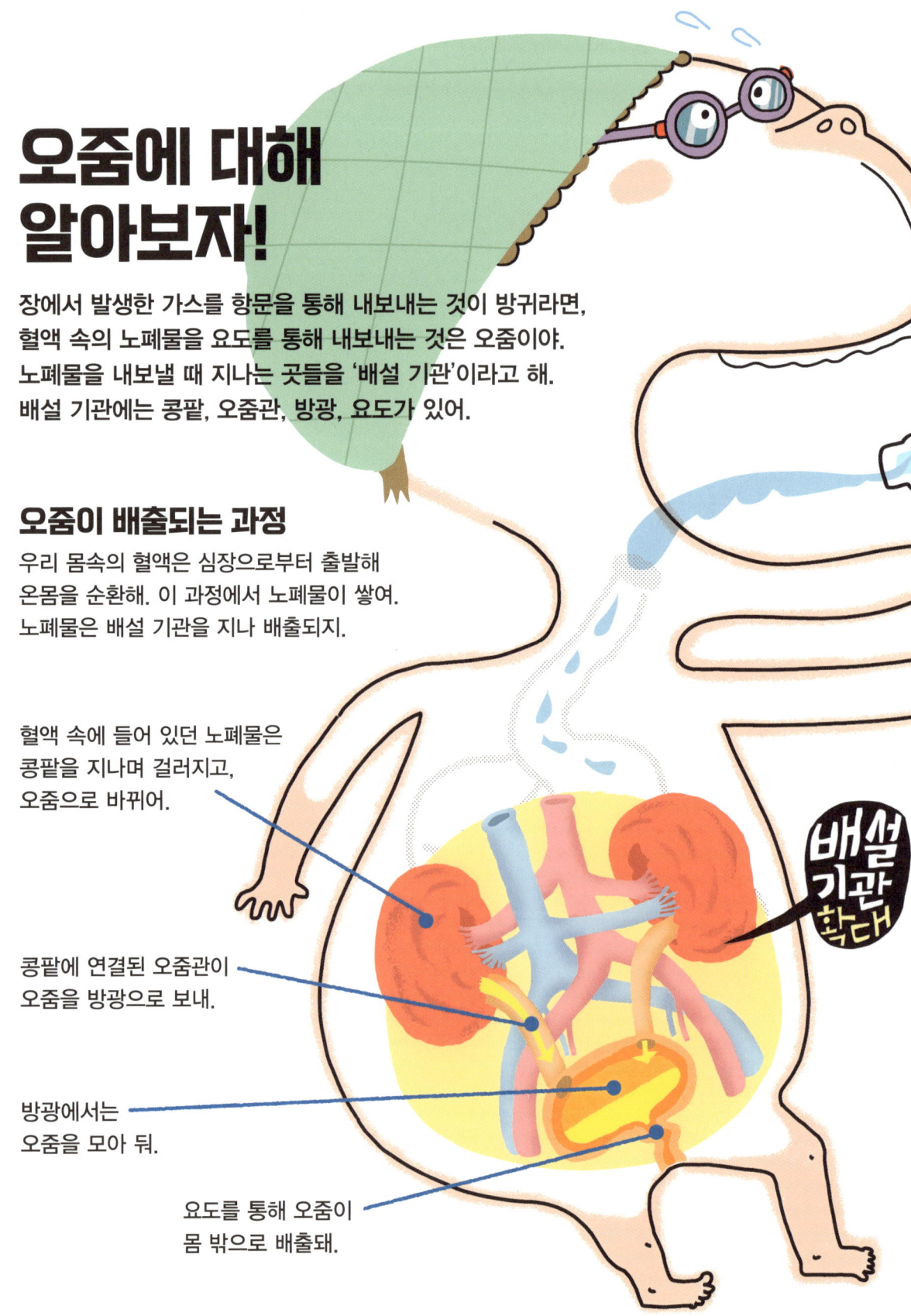

혈액 속에 들어 있던 노폐물은 콩팥을 지나며 걸러지고, 오줌으로 바뀌어.

콩팥에 연결된 오줌관이 오줌을 방광으로 보내.

방광에서는 오줌을 모아 둬.

요도를 통해 오줌이 몸 밖으로 배출돼.

배설 기관 확대

임금님 귀는 당나귀 귀

귀가 아주 큰 임금님이 살았어. 임금님은 자신의 귀가 마음에 들지 않았지. 하지만 어쩌겠어. 날 때부터 귀가 커다랬는걸.

쑥쑥 귀가 자란다

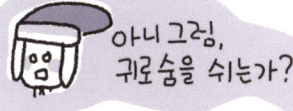

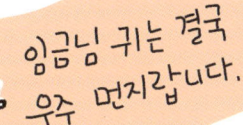

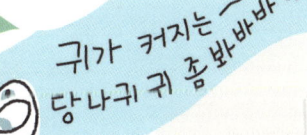

그러던 어느 날 임금님은 자신의 귀가 조금씩 더 커지고 있다는 걸 알게 되었어.

"안 그래도 큰 귀가 점점 커지고 있구나. 이러다 당나귀 귀처럼 커져 버리겠어. 만약 백성들이 내 커다란 귀를 본다면……."

임금님은 고개를 절레절레 흔들었어. 백성들에게 비웃음을 당할까 봐 두려웠지.

결국 임금님은 자신의 귀를 가리기 위해 커다란 모자를 쓰기 시작했어. 모자 장인만이 임금님의 비밀을 알고 있었지.

모자 장인은 비밀을 꼭 지켜야만 했어. 만약 다른 이에게 이 사실을 말했다간 목이 날아갈 테니까. 거리에서 백성들이 임금의 모자를 두고 수군거리는 것을 들어도 아무 말도 할 수 없었지.

"임금님은 날이 갈수록 큰 모자를 쓰시네?"

"모자 만들 돈으로 백성들 먹을 거나 좀 구해 주시지."

모자 장인은 그저 고개를 푹 숙이고 지나갔어. 임금님 편을 들 수도, 함께 욕할 수도 없는 노릇이니 말이야.

모자 장인은 밤이 되어도 잠이 오질 않았어. 아내에게 이야기하고 싶었지만, 말할 수 없으니 '끙…….' 하고 돌아누울 뿐이었지. 밥을 먹을 때도 목에 커다란 돌덩이가 걸려 있는 것 같았어. 그렇게 평생을 임금님의 비밀을 안고 살아야 했지.

시간이 흘러 노인이 된 장인은 아직도 입이 간지럽고, 속이 답답해서 미칠 노릇이었어. 죽기 전에는 누군가에게 꼭 이야기하고 싶었지.

나.. 아.. 귀.. 이.. 이 야! 아 아 야

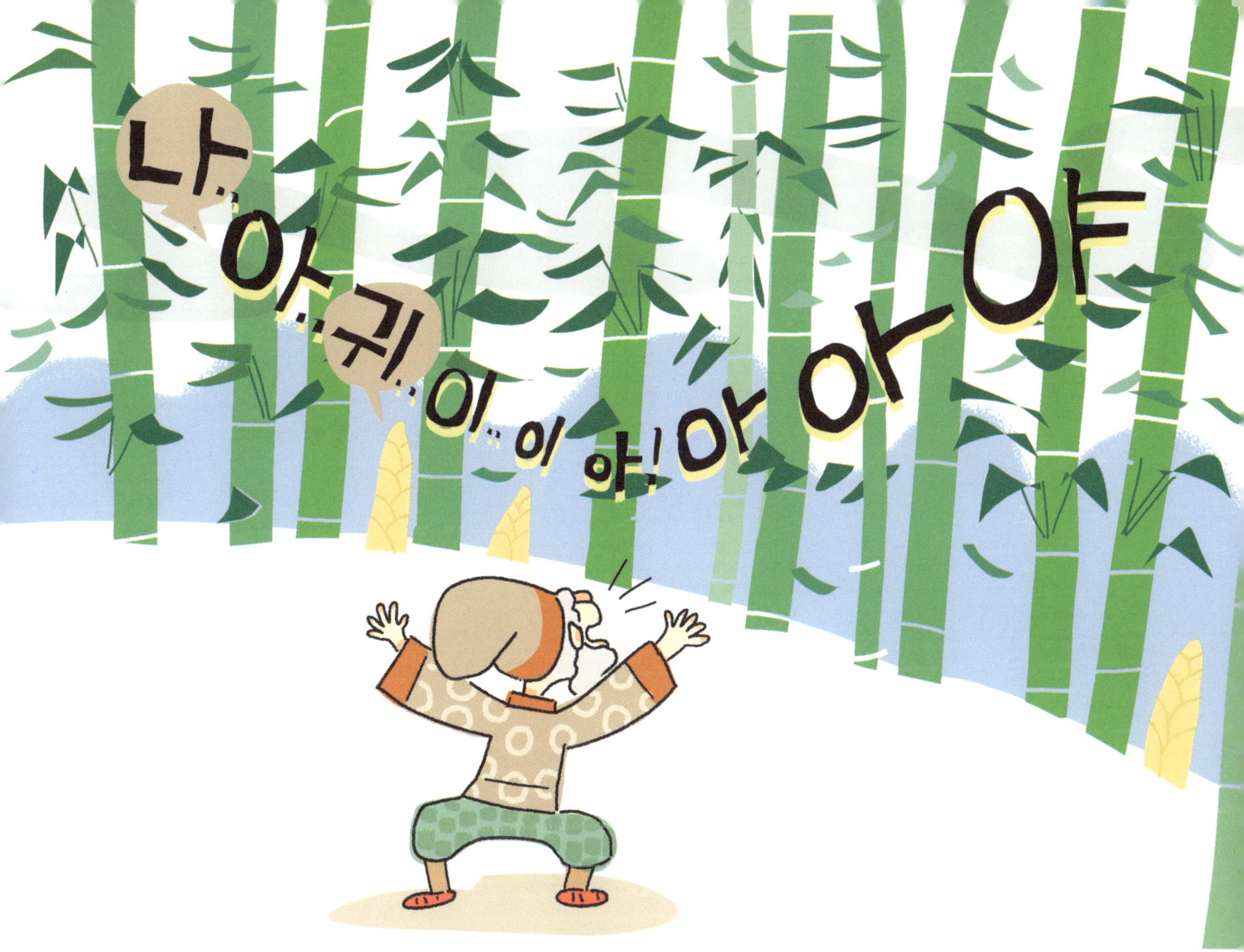

그러던 어느 날, 장인의 눈에 대나무 숲이 들어왔어. 냉큼 대나무 숲으로 달려가 주변에 누가 없는지 확인한 후, 큰 소리로 외쳤어.

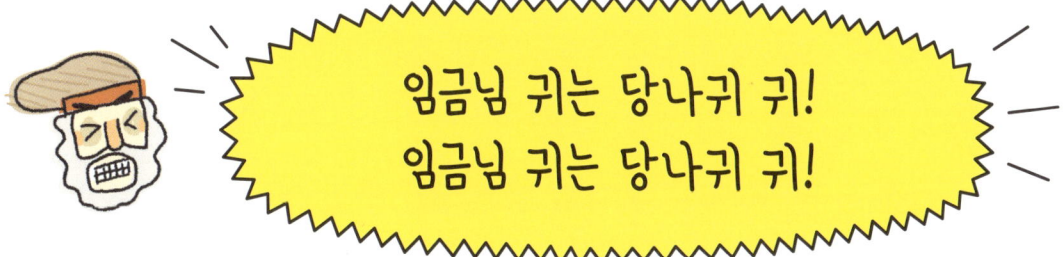

임금님 귀는 당나귀 귀!
임금님 귀는 당나귀 귀!

몇 번이나 소리를 질렀을까? 속이 시원해진 모자 장인은 허허 웃으며 집으로 돌아갔어. 오래 묵은 체증이 내려가는 것 같았지.

하지만 그날 이후 대나무 숲에서 이상한 소리가 들려왔어.

"임금님 귀는, 귀는! 당나귀, 나귀! 귀!"

이 소리를 들은 사람들은 '임금님 귀는 당나귀 귀'라는 말을 온 동네

에 퍼트렸어. 아이들마저 노래로 만들어 부를 정도였지. 당연히 임금님의 귀에도 들어갔겠지?

"뭐? 내 귀가 당나귀 귀라고?"

화가 난 임금님은 대나무를 몽땅 베어 버렸어. 그리고 그 자리에 산수유나무를 심었어.

하지만 메아리는 멈추지 않았어. 산수유나무의 잎이 바람에 흔들릴 때마다 "임금님 귀는 당나귀 귀!" 소리가 들려왔어.

결국 임금님은 모자를 벗어 던졌어. 그리고 자신의 커다란 귀를 보여 주었지.

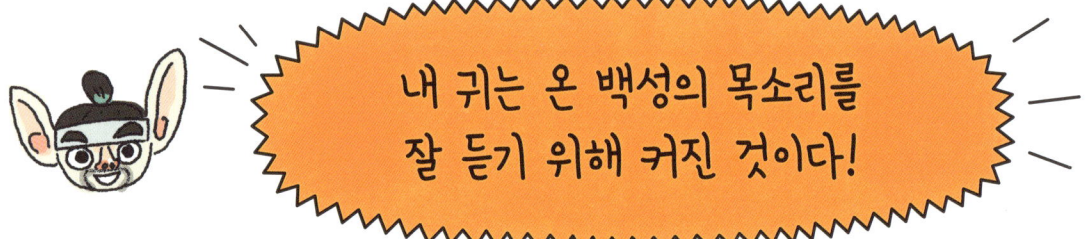

내 귀는 온 백성의 목소리를 잘 듣기 위해 커진 것이다!

느껴진다. 오천만 백성의 함성!

 실제로 임금님은 백성들의 목소리에 귀 기울이려 노력하고 있었어. 백성들은 그런 임금님을 더 사랑하게 되었어. 귀가 당나귀 귀처럼 커다란 것은 아무 문제도 되지 않았지. 좋은 왕은 귀가 크거나 작거나 상관없으니까 말이야.

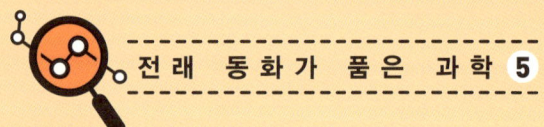
전래 동화가 품은 과학 5

"왜 대나무 숲에서 소리가 계속 울렸을까?"

"소리가 나무와 산에 부딪쳐 반사되었기 때문이야!"

대나무 숲에 소문쟁이가 있다, 당장! 잡아라~
펄럭 펄럭
임금님 귀는 당.

소리는 반사되는 성질이 있어!

소리가 공기 중으로 퍼지며
벽이나 산 같은 장애물을 만나면 반사되기도 해.
공연장 천장에 음향 반사판을 설치하는 것도 같은 이유야.
소리를 반사시켜 공연장 전체에 퍼지도록 하는 거지.

실제로는 대나무 숲에서 메아리가 오래 지속되지 않아.

소리에 속도가 있다고?

소리는 환경에 따라 빠르거나 느리게 전달돼.
고체를 통해 퍼지느냐, 공기에서 퍼지느냐, 물속에서 퍼지느냐에 따라 다르지.
매질*이 고체일 때 가장 빨리, 기체일 때 가장 느리게 전달돼.
또 소리는 기온이 높을수록 더 빨리 전달되고,
소리의 속도가 빠른 곳에서 느린 곳으로 퍼져.

*매질이란 소리나 빛, 지진파 등의 파동을 전달하는 물질이야.

자극에 어떻게 반응하는 걸까?

감각 기관을 통해 받아들인 자극은 말초 신경과 척수를 통해 뇌로 전달돼. 그러면 뇌는 행동을 결정해 명령을 내리고, 우리 몸은 명령을 받아 반응을 하지.

뇌가 반응하니 눈으로 반응을 해

동물들의 놀라운 감각

어떤 동물들은 사람보다 감각이 더 예민하고 뛰어나. 동물들이 지진이나 해일 같은 자연재해를 사람보다 더 빨리 알아차리는 이유도 그 때문이야. 타조는 사람보다 시력이 열 배 이상 좋고, 곰은 5킬로미터 밖에서도 벌꿀 냄새를 맡을 수 있다고 해.

우리 몸의 다섯 가지 감각을 오감이라고 해!

백성의 마음을 온몸으로 느끼는 왕이 되겠어!

도깨비 감투

어느 마을에 돌쇠라는 청년이 살았어. 돌쇠는 산에서 나무를 해서 먹고사는 나무꾼이었지. 그날도 해가 저 멀리 떨어진 것도 모른 채 나무를 하고 있었단다.

"어? 벌써 어두워졌네. 지금 산에서 내려갔다간 산짐승을 만날 텐데……."

뒤늦게 해가 진 것을 알게 된 돌쇠는 산 밑으로 내려가기 무서워졌어. 가다가 호랑이라도 만나면 큰일이잖아.

그때 한 초가집이 돌쇠의 눈에 띄었어. 돌쇠는 해가 뜰 때까지 빈 초가집에서 한숨 자고 일어날 생각이었지. 조금 으스스하긴 했지만, 별수

없잖아. 호랑이 밥이 되는 것보단 나으니까.

돌쇠는 눈을 질끈 감고 잠을 청했어. 잠자리가 바뀐 탓에 쉽게 잠이 오지 않아 뒤척거리는데 이상한 소리가 들려왔어.

돌쇠는 문지방에 손가락을 꾹 찔러 구멍을 냈어. 그리고 구멍을 통해 밖을 내다보았지.

"나 잡아 봐라! 우하하!"

"도깨비감투 벗고 덤벼! 하나도 안 보이잖아!"

붉은빛이 마당에서 이리 갔다, 저리 갔다 휙휙 움직이지 않겠어? 그러고는 감투 하나가 툭 하고 마당에 떨어지더니, 뿅 하고 도깨비가 나타났어!

돌쇠는 숨을 죽이고 도깨비들을 지켜봤어. 그리고 도깨비들이 감투를 썼다 벗었다 하면서, 사라졌다 나타났다 반복하는 걸 알게 되었지.

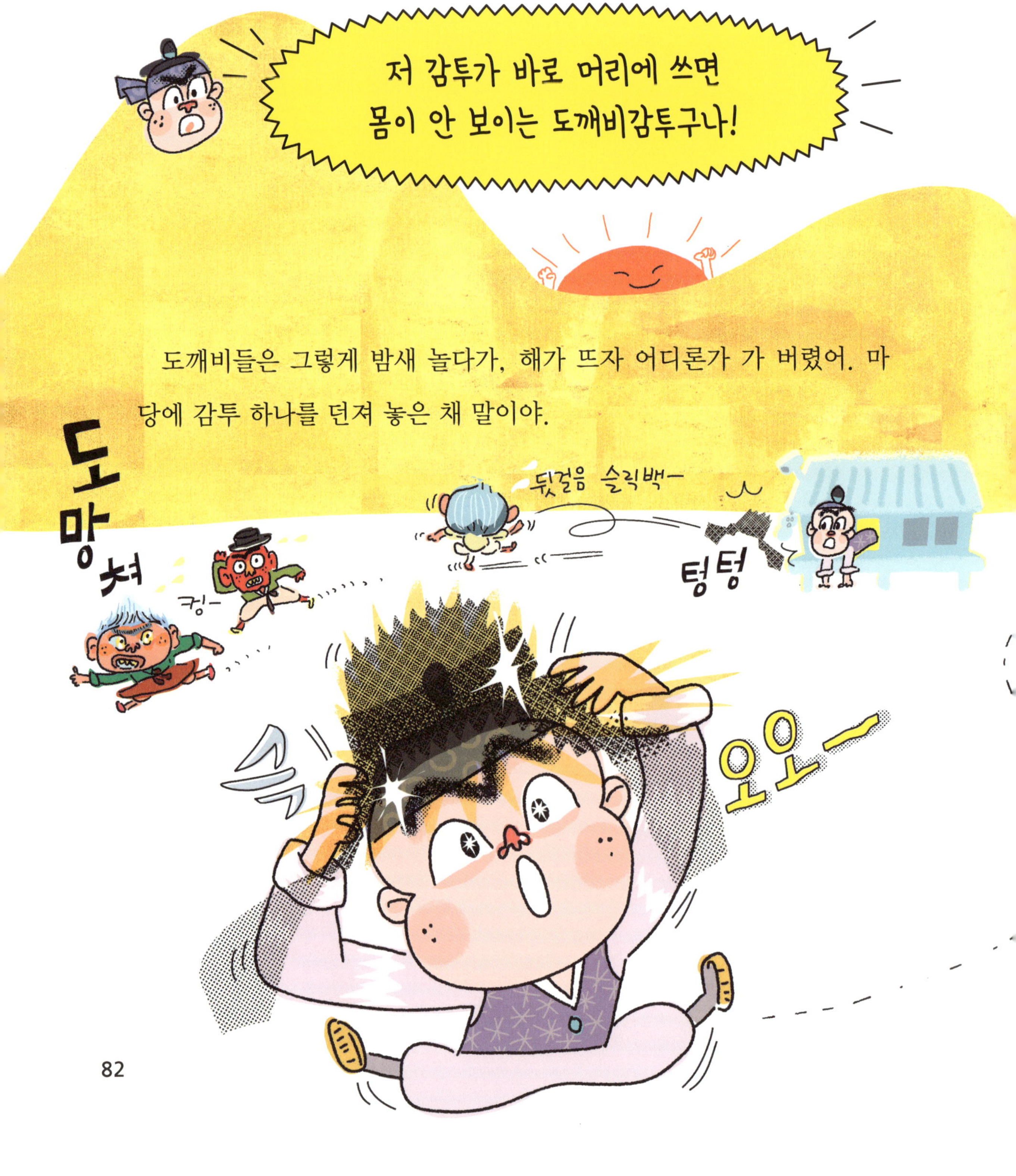

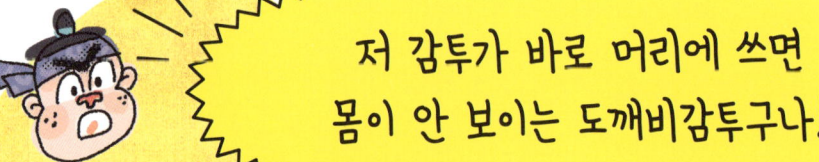

저 감투가 바로 머리에 쓰면
몸이 안 보이는 도깨비감투구나!
도망쳐
킹-
뒷걸음 슬릭백-
텅텅
슥
오오-

도깨비들은 그렇게 밤새 놀다가, 해가 뜨자 어디론가 가 버렸어. 마당에 감투 하나를 던져 놓은 채 말이야.

 돌쇠는 도깨비들이 가자마자, 감투를 써 보았어. 그러자 정말 내 모습이 안 보였어!

 돌쇠는 도깨비감투를 쓰고 산에서 내려와 시장에 갔어. 먹음직스러운 떡도 훔치고, 아주 비싼 비단도 훔쳤지. 사람들의 비밀스러운 이야기를 남몰래 듣기도 했고.

'오호, 도깨비감투 덕에 내가 이 동네 제일 부자가 되겠네.'

돌쇠는 도깨비감투를 쓰고 온갖 나쁜 짓을 하고 다녔어. 사람들의 재물을 마음대로 도둑질하고 골탕 먹였지.

그러던 어느 날, 돌쇠는 도깨비감투에 구멍이 난 것을 발견했어. 하지만 대수롭지 않게 여겼어.

"이까짓 것 헝겊 조각으로 덧대면 되지, 뭐."

돌쇠는 구멍이 난 자리에 빨간 헝겊 조각을 덧대었어. 그리고 늘 그랬듯 도깨비감투를 쓰고 시장에 나가 사람들의 물건을 훔쳤지.

하지만 사람들 눈에 덧댄 빨간 헝겊 조각이 보였던 거야! 작은 헝겊 조각 하나가 휘휘 날아다니며 물건을 훔쳐 가는 걸 알게 된 거지.

"이놈 잡았다!"
한 상인이 크게 외치자, 다른 상인들도 모두 달려왔어.
"누가 자꾸 물건을 훔쳐 가나 했더니만!"

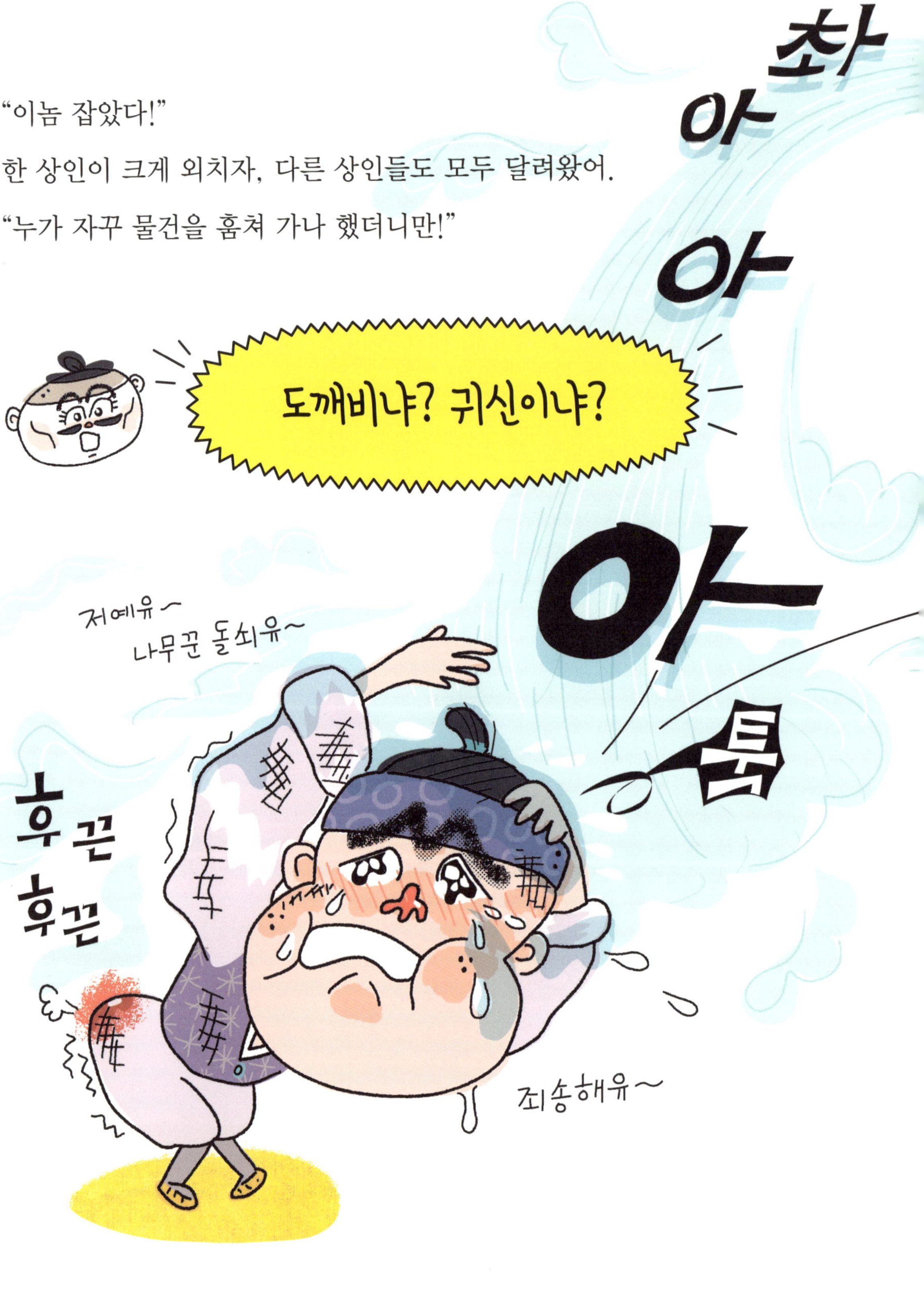

도깨비냐? 귀신이냐?

저예유~
나무꾼 돌쇠유~

후끈 후끈

죄송해유~

상인들이 아주 차가운 물을 들고 와 돌쇠에게 확 부었어. 그러자 돌쇠의 머리에서 도깨비감투가 떨어져 나갔지. 돌쇠는 사람들에게 실컷 얻어맞았어.

그 이후 사람들은 더 이상 물건을 도둑맞지 않았단다. 돌쇠도 다시는 나쁜 짓을 하지 않았고 말이야.

전래 동화가 품은 과학 ❻

"우리도 투명 인간이 될 수 있을까?"
...
"세상에 모든 빛이 사라진다면 가능할지도 몰라!"

우리가 앞을 볼 수 있는 이유, 빛

우리가 사는 세상에는 스스로 빛을 내는 광원인 태양과 형광등, 촛불 등이 있어. 세상의 모든 물체는 광원에서 나온 빛이 물체에 부딪쳐 반사되어 우리 눈에 들어와. 투명 인간이 되고 싶다면, 먼저 이 세상의 모든 빛을 없애야 할 거야.

빛이 투명한 사물을 비추면

빛은 반사되기도 하고 그대로 통과하기도 해.
투명하지 않은 사물에 부딪친 빛은 반사되어 우리 눈에
들어오고, 투명한 사물에 부딪친 빛은 그대로 통과돼.
투명 인간이 되고 싶다면 온몸이 투명해야 할걸?
그래야 우리 눈에 안 들어올 테니까!

우리의 눈을 속이는 빛의 굴절

빛은 어느 물체에 닿느냐에 따라 굴절되기도 해.
특히 물에 닿으면, 빛이 휘어져 꺾이지.
그래서 물 밖에서 보면 긴 다리가 짧아 보이는 거야.
빛의 굴절로 우리 눈에 보이는 게
꼭 실제 모습은 아닐 수 있어.

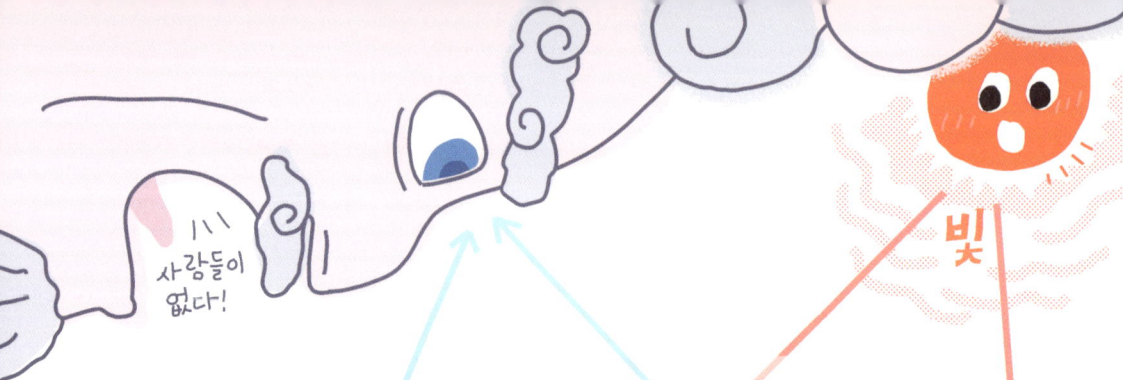

과학 기술은 얼마나 발전했을까?

과학 기술은 끊임없이 발전하고 있어.
그중 메타 물질과 스텔스 기술에 대해 알아보자.

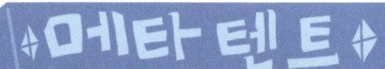

사람의 눈을 속이는 메타 물질

메타 물질은 사람이 만든, 세상에 없던 새로운 물질이야.
빛의 굴절을 인위적으로 만드는 게 특징이지.
우리 눈이 사물이나 사람을 인식하기 위해서는 빛이 필요한데
메타 물질로 만든 상자나 망토 안에 사람이 숨는다면,
빛은 메타 물질로 인해 굴절되고,
주변의 다른 물체에 반사되어 우리 눈으로 들어와.
그렇다면 메타 물질 안에 숨은 사람은 우리 눈에 안 보이겠지?

가오리가 하늘을 날고 있어

과학 기술은 계속 발전하고 있어!

레이더에 안 보이는 항공기의 비밀

레이더 전파를 흡수하여 레이더에 안 보이게 하는 기술이 있어.
바로 '스텔스'야. 항공기나 잠수함을 만들 때 스텔스 기술을
활용하여 적의 레이더에 들키지 않도록 하는 거지.
최근에는 메타 물질과 스텔스를 접목해 사람 눈에도 보이지 않고,
레이더에도 포착되지 않는 군사 기술을 개발하고 있대.

내가 한번 사라져 볼게. 얍!

얍! 얍

내가 한번 공룡을 만나고 올게. 얍!

과학 커뮤니케이터와 시간여행을!

누가 시간 여행 기술은 안 만드나?

사과 먹자.

현실에서 이게 가능해?
시간 여행과 투명망토의 비밀

메타 물질을 이용해 투명 망토를 개발하고 있대!